Ferdinand Marcos | Nicolae Ceaucescu | Idi Amin Dada | Pol Pot

Jorge Rafael Videla | Emilio Garrastazu Médici | Hosni Mubarak | Mobutu Sese Seko

Saddam Hussein | Muammar al-Gaddafi | Kim Jong-il | Teodoro Obiang

**Galeria de ditadores:**

**Josef Stálin** (1878-1953), União Soviética | **Benito Mussolini** (1883-1945), Itália | **Adolf Hitler** (1889-1945), Alemanha | **António de Oliveira Salazar** (1889-1970), Portugal | **Rafael Leónidas Trujillo** (1891-1961), República Dominicana | **Francisco Franco** (1892-1975), Espanha | **Anastasio Somoza García** (1896-1956), Nicarágua | **Fulgencio Batista** (1901--1973), Cuba | **Emílio Garrastazu Médici** (1905-1985), Brasil | **François Papa Doc Duvalier** (1907-1971), Haiti | **Ernesto Geisel** (1907-1996), Brasil | **Alfredo Stroessner** (1912-2006), Paraguai | **Augusto Pinochet** (1915-2006), Chile | **Ferdinand Marcos** (1917-1989), Filipinas | **Nicolae Ceaucescu** (1918-1989), Romênia | **Idi Amín Dadá** (1925-2003), Uganda | **Pol Pot** (1925-1998), Camboja | **Jorge Rafael Videla** (1925-2013), Argentina | **Hosni Mubarak** (1928), Egito | **Mobutu Sese Seko** (1930-1997), Zaire | **Saddam Hussein** (1937-2006), Iraque | **Muammar al-Gaddafi** (1942-2011), Líbia | **Kim Jong-il** (1942-2011), Coreia do Norte | **Teodoro Obiang** (1942), Guiné Equatorial.

# A DITADURA
## É ASSIM

# A DITADURA É ASSIM

COLEÇÃO **LIVROS PARA O AMANHÃ** | VOLUME 2

**IDEIA E TEXTO**
Equipo Plantel

**ILUSTRAÇÕES**
Mikel Casal

boi ta tá

**ANTES DE LER**
# A DITADURA
## É ASSIM

Este livro faz parte de uma série de quatro títulos dirigida a jovens leitores que foi publicada originalmente entre 1977 e 1978, pela editora La Gaya Ciencia, de Barcelona, na Espanha. Naquela época, fazia menos de três anos que o ditador Francisco Franco havia morrido, e a Espanha vivia um período de transição que traria as primeiras mudanças democráticas. O Brasil ainda seria uma ditadura por mais uns anos.

Já faz quase quatro décadas que os livros originais foram lançados, mas nós, os editores, consideramos que tanto o espírito quanto boa parte do texto continuam completamente atuais. Por isso decidimos reeditá-los, desta vez com novas ilustrações. Dos textos, trocamos uma ou outra vírgula (então não podemos dizer que não mexemos em nenhuma vírgula!), mas não tiramos nem acrescentamos nada em relação ao conteúdo original. Em essência, as ideias e os comentários nos parecem perfeitamente válidos, assim como as questões para reflexão, ao final, que reproduzimos sem alterações e que convidamos os leitores a debater. E, na última página, "Para saber mais", inserimos um breve texto do professor Ruy Braga, com dados históricos sobre o tema.

Uma advertência geral, que fazemos quanto aos quatro títulos, é que toda vez que aparecer no texto a palavra "todos" as leitoras e os leitores mais jovens devem entender que ela inclui todas as mulheres e todos os homens. Nos anos 1970, as pessoas achavam que essa distinção não era necessária, mas hoje sabe-se que o correto é usar sempre as duas formas.

A coleção original se chamava Livros para o Amanhã, e assim continuará se chamando nesta nova versão. Se hoje lemos sem estranhar muito o que dizem estes livrinhos é porque, ao que parece, esse tal amanhã ainda não chegou. Tomara que não demore! – **Os Editores**

*Para Coro e Telmo, a cada dia.*
— Mikel

A ditadura é como um ditado:
Alguém diz o que é para fazer, e todo mundo faz.
Porque tem de ser assim e pronto.

*Devo obedecer*

O homem que dita é quem manda, ele é o ditador. Manda em todo mundo porque determinou que é o dono de TUDO.

Ele é apoiado por poucos...
E vai contra a vontade da maioria.

Quase todos os dias, o ditador se levanta cedo e de mau humor.

CÓCÓRI CÓÓÓÓ!!!

E já vai brigando com o primeiro que encontra.

Todo mundo obedece ao ditador só porque tem medo dele.
E quem não obedece nem tem medo é castigado.

Enquanto o ditador toma o café da manhã, o primeiro servil-ministro vai lhe contando as coisas que aconteceram no país.
Quer dizer, só algumas, aquelas que não o deixem contrariado!

E ele passa o dia ditando:

- Dita leis.
- Dita prêmios.
- E também dita castigos.

Ele adora inaugurar coisas, como casas, canais e pontes.

(Pois os ditadores adoram coisas grandes, muito grandes:
AS MAIORES.)

Em qualquer ditadura, é proibido pensar por conta própria. Pois o ditador exige que as pessoas só pensem o que ele quer que elas pensem.

Aqueles que pensam de outro jeito e DIZEM o que pensam são malvistos e maltratados.

E muitas vezes passam por situações muito ruins.

Tem gente que precisa até sair do país, porque não consegue se defender.

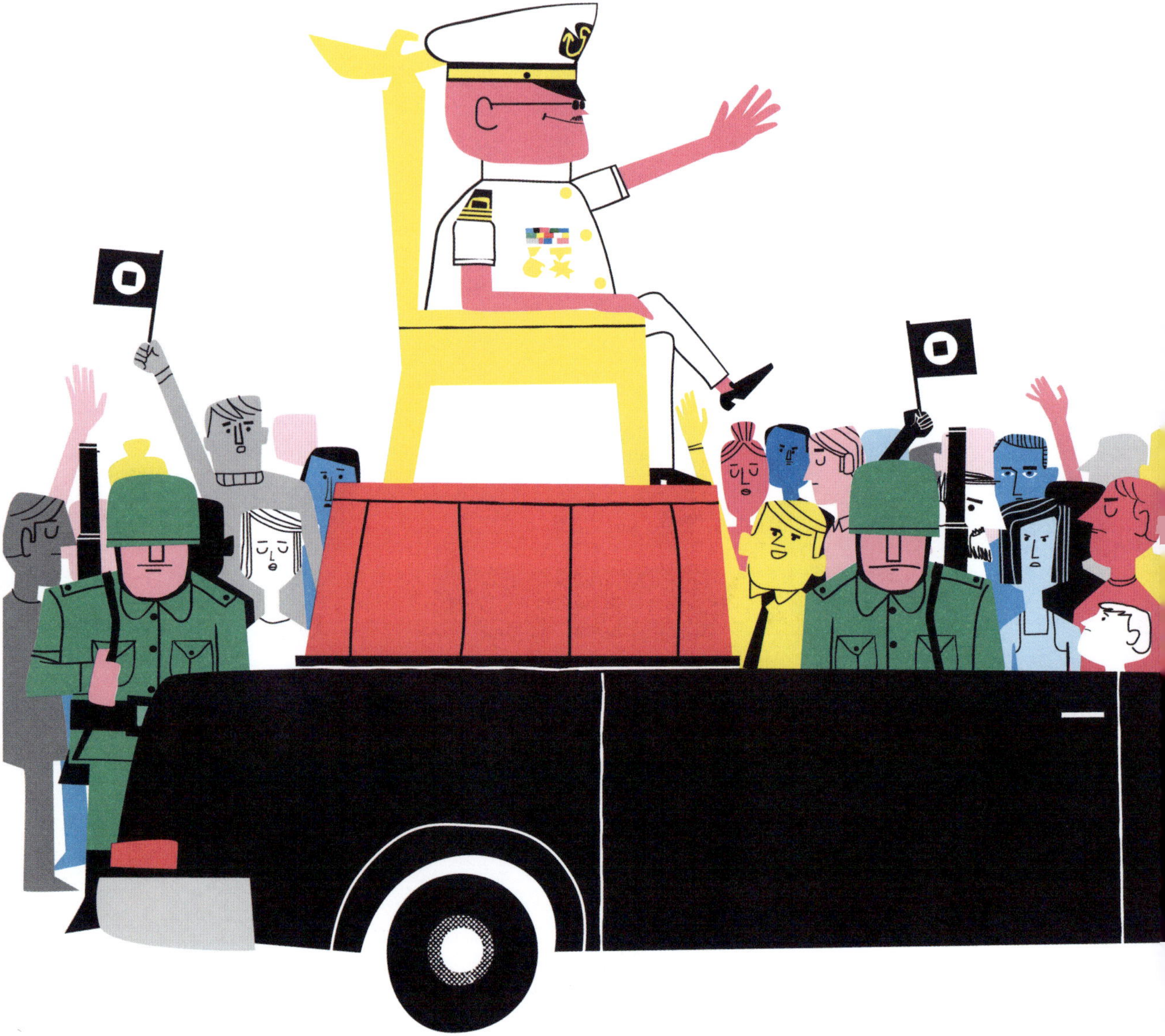

E assim o mais valente é sempre o ditador.
E também o mais esperto, o melhor, o mais importante…

O ditador não tem amigos. Ele não gosta das pessoas (porque se julga o mais esperto, o mais importante e o mais bonito).

Mas alguns fingem que são seus amigos só por conveniência.
Ele permite, por exemplo, que os ricos fiquem mais ricos.
Por isso há sempre alguém que defende o ditador.

Às vezes o ditador é generoso com esses amigos e lhes dá de presente coisas que não são dele: dá terras que são dos outros e distribui privilégios. Dá coisas que, na verdade, são de todos.

O ditador é a lei (pois só ele dita as leis)
e também é a justiça (pois só seus amigos podem ser juízes).

Ele também quer mandar no Exército e na educação...
E nas fábricas, na agricultura, nas empresas...

Ele diz que é melhor assim. Porque só assim os bairros, as comunidades, as cidades e o país podem ficar tranquilos, já que ninguém se queixa e ninguém protesta.

O ditador tem muito orgulho do país DELE. Porque ele acha que o país é DELE.

Por isso realiza desfiles...

Dá festas... Faz discursos...

Enquanto isso, as pessoas são exploradas e vão ficando desgostosas, com medo, empobrecidas...

Todos trabalham, produzem, mas também pensam.

E pensando, é claro, vão percebendo muita coisa.

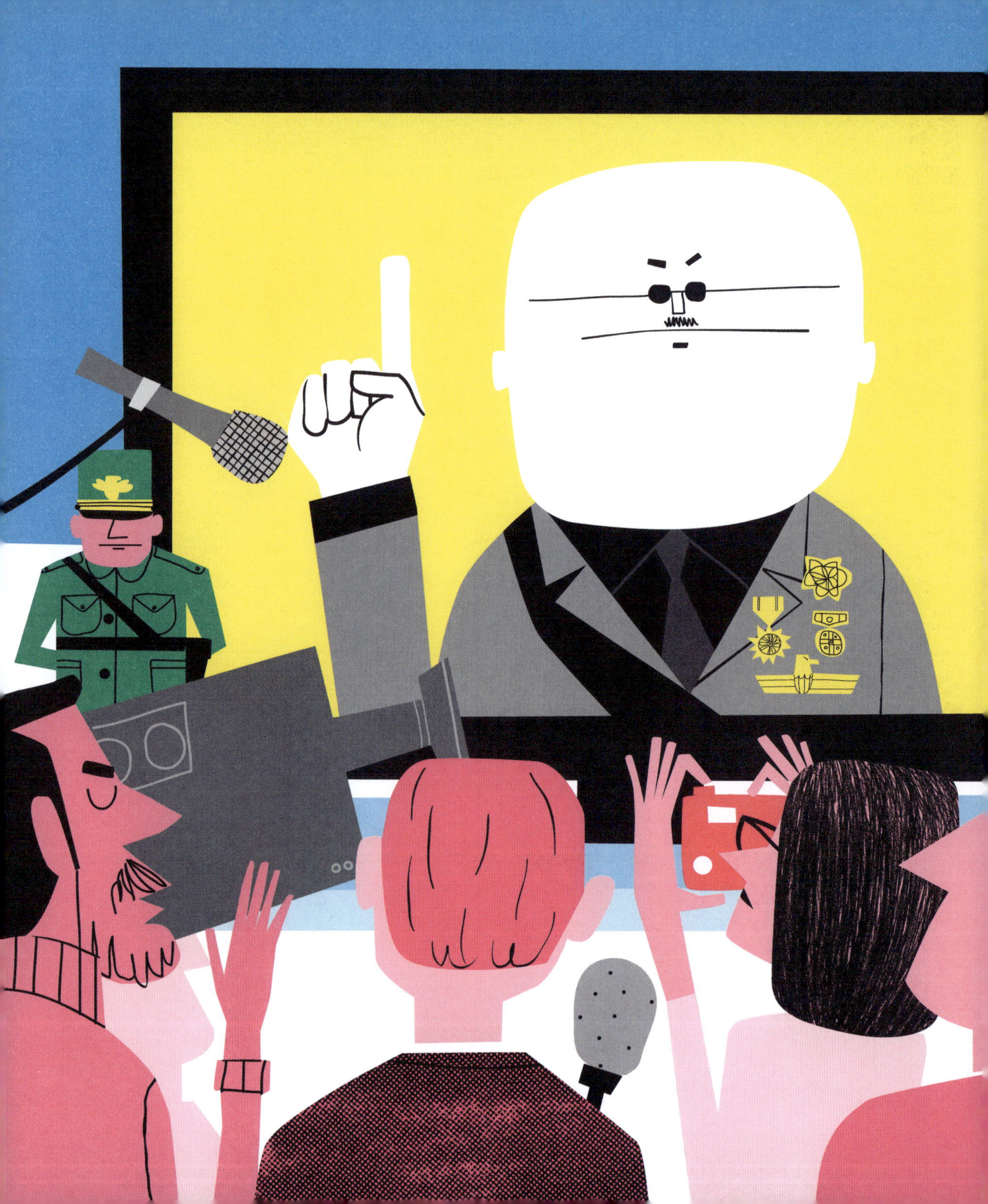

Percebem que o ditador não é tão valente assim.

COLETIVA de IMPRENSA SEM PERGUNTAS

Nem tão inteligente... Nem tão justo...

ESTA É A MINHA DESSI-ZÃO*

* Como você sabe, escreve-se "decisão".

Vão percebendo que a realidade
é muito boa para poucos,
muito injusta para todos
e muito cruel para muitos.

Mas ninguém pode lutar contra o ditador
porque ele é o dono de tudo:
do dinheiro, das armas, das terras…

E até das pessoas.

E o pior é que as ditaduras quase sempre duram muitos anos, muitíssimos anos.

A ditadura só acaba quando o ditador morre
(às vezes, quando ele é morto).

Ou quando o tiram à força.

E aí, quando acaba a história da ditadura, começa a história da…

RDADE

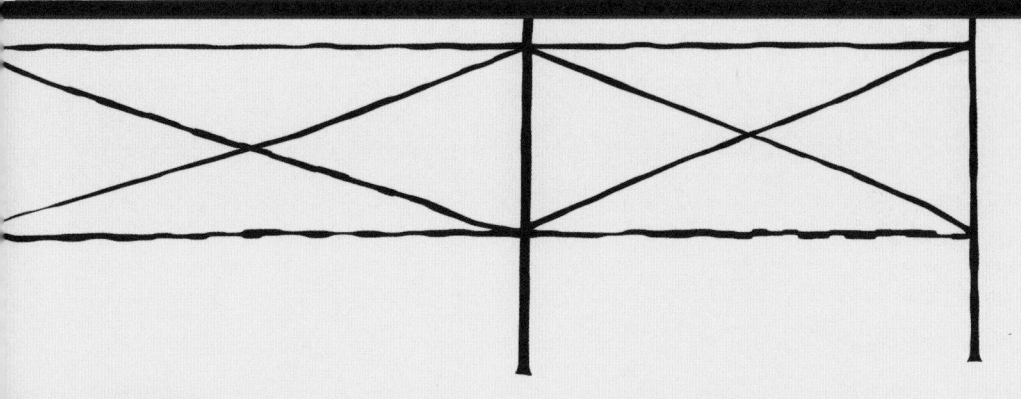

# A DITADURA ONTEM E HOJE

Em 1977, quando este livro foi publicado pela primeira vez, cerca de 40 países do mundo viviam sob ditadura. Hoje, segundo diversas fontes, podem ser considerados ditaduras 36 países. São os que têm monarquia absoluta e regimes não parlamentares, isto é, onde não há eleições diretas. Há quarenta anos, os governos ditatoriais estavam principalmente na América Latina e em alguns países da Europa. Hoje, a maioria se encontra na África e na Ásia.

É claro que é uma boa notícia o fato de o número de ditaduras no mundo ter diminuído – mesmo que tão pouco. Contudo, existem hoje muitas formas de governo que, embora não recebam esse nome, não são muito diferentes de uma ditadura. Existem aquelas que poderiam ser chamadas de "leves", porque permitem uma ou outra liberdade a seus cidadãos e não castigam tão severamente seus opositores. O mais comum, porém, é encontrarmos nações que se dizem democráticas, mas que reproduzem muitas das características de uma ditadura. É o caso de países onde as eleições não são limpas, porque quem está no poder arma uma fraude; onde as contas não são claras e a corrupção corre solta; onde os direitos humanos não são respeitados; onde as leis são escritas e aprovadas sem os cidadãos saberem; ou onde aqueles que mandam não dão explicações suficientes à população a que deveriam servir.

Enquanto não houver transparência na gestão pública e não forem favorecidos os cidadãos que participam da vida política e exercem seus direitos (inclusive o de reclamar), não haverá uma democracia verdadeira – apenas governos mais ou menos autoritários e cidadãos mais ou menos insatisfeitos.

# QUESTÕES PARA REFLETIR E DEBATER

**1.** *O que é um ditador?*
   - **A.** Um governante justo.
   - **B.** Um homem que governa à força.
   - **C.** Uma pessoa eleita pelo povo.

**2.** *Por que o governo de um ditador se chama ditadura?*
   - **A.** Porque cada um pode fazer o que quer.
   - **B.** Porque só se pode fazer o que o ditador quer.
   - **C.** Porque só os trabalhadores mandam.

**3.** *Se você vivesse numa ditadura, o que acharia pior?*
   - **A.** O ditador poder decidir sobre tudo.
   - **B.** Não existirem partidos.
   - **C.** A opinião do povo não valer nada.

**4.** *Será que é possível ser feliz numa ditadura?*
   Compartilhe sua opinião com seus amigos, professores e familiares!

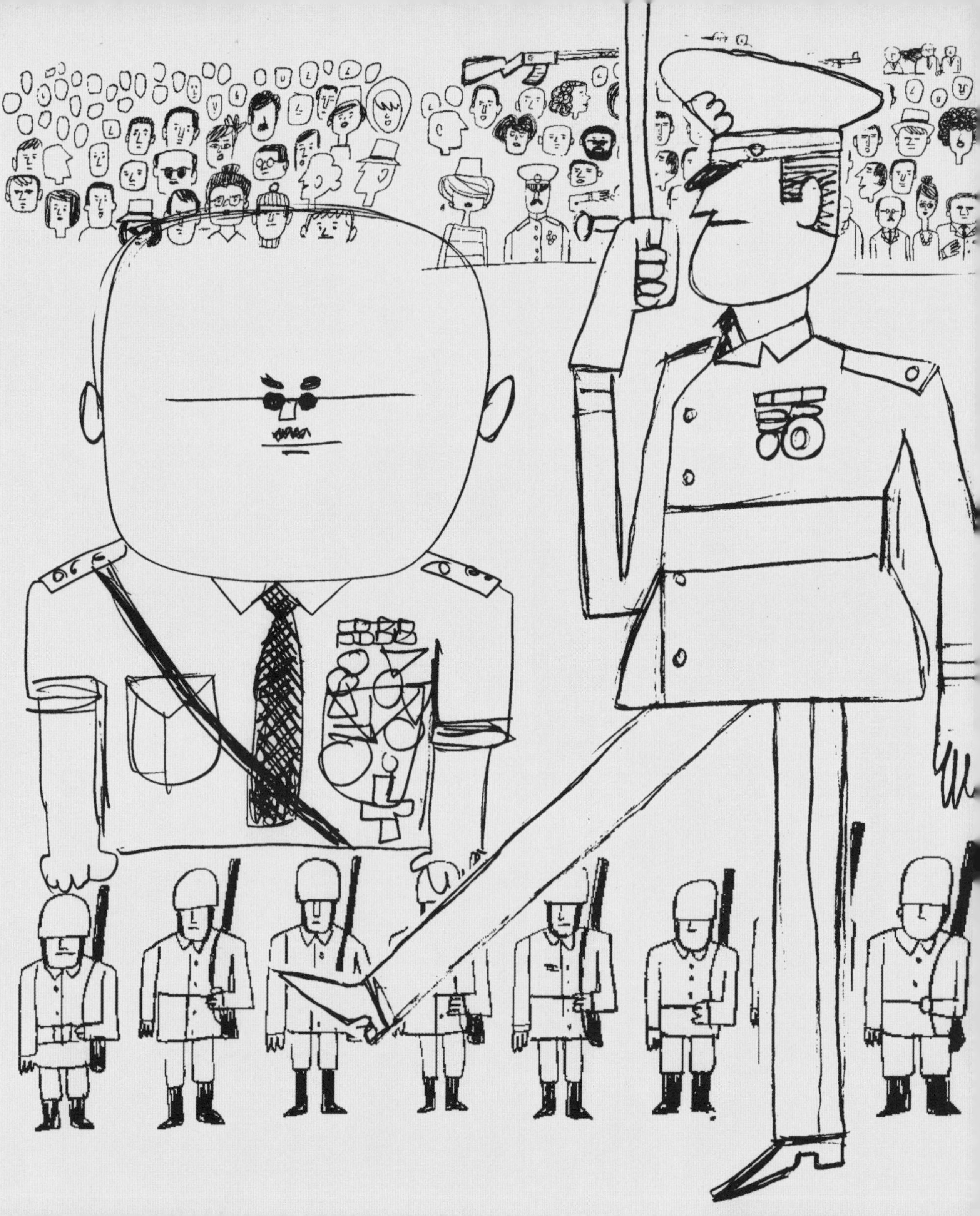

## PARA SABER MAIS: VIVER SEM LIBERDADE

Recentemente, algumas pessoas saíram às ruas do Brasil pedindo o retorno da ditadura militar ao país. Será que elas sabem mesmo o que é uma ditadura? Para ajudar a responder essa pergunta, precisamos voltar no tempo, para a Roma antiga.

Naquela época, se a sociedade vivia um problema muito sério, os poderosos escolhiam alguém para governar sem dividir o poder com ninguém. E esse homem era chamado de "ditador".

Assim surgiram as ditaduras: um jeito de governar que concentra todo o poder nas mãos de uma pessoa ou de um grupo muito pequeno de pessoas. E o ditador procura controlar tudo o que há de mais importante na vida do país. Para isso, ele tira o direito dos outros de discordar dele.

Como as pessoas não gostam de perder sua liberdade, elas reclamam. Então, o ditador, apoiado por aqueles que levam vantagem com essa situação, manda a polícia perseguir quem não concorda com ele.

Infelizmente, a história brasileira conheceu algumas ditaduras. A mais recente foi imposta em 1964 por meio de um golpe militar que derrubou o presidente. Por mais de 20 anos, o país viveu sem liberdade política.

Mas, após muitos sacrifícios dos que defendem a liberdade, a ditadura foi derrotada e o país voltou à democracia em 1985. Esse sistema ainda é muito imperfeito, pois vivemos em um mundo onde, mesmo com liberdade política, muitos não têm liberdade econômica. Se uma pessoa está desempregada, por exemplo, ou ganha pouco, ela também não tem liberdade.

Mesmo assim, viver em uma democracia imperfeita ainda é bem melhor do que em uma ditadura. Afinal, na democracia nós temos o direito de discordar dos governantes sem sermos punidos por isso. – **Ruy Braga**

**MIKEL CASAL**

Donostia-San Sebastián, 1965

Mikel é ilustrador e publica seus desenhos e caricaturas em jornais e revistas do mundo todo. Ele é o único dos quatro ilustradores destes Livros para o Amanhã que viveu numa ditadura. Não lembra muito bem, pois era criança, mas percebia (era uma criança de antenas ligadas) que a seu redor respirava-se uma atmosfera de tristeza. Ficou sabendo, por adultos que lhe contaram, que muita gente vivia com medo. Além de desenhar, o que Mikel mais gosta de fazer é surfar. Ele costuma ir com o filho, Telmo, à praia de la Zurriola, e lá eles veem o amanhecer enquanto enfrentam o vento e o mar em cima de suas pranchas. Não sabemos se eles pensam nisso, mas viver numa ditadura deve ser exatamente o contrário de voar sobre uma onda.

www.mikelcasal.com

Título original: *Así es la dictadura*
Copyright © do texto: Equipo Plantel, 1977
Copyright © das ilustrações: Mikel Casal, 2015
Copyright © da edição original: Media Vaca, 2015
Copyright © desta edição: Boitatá, 2015
Estes livros foram publicados originalmente, com outras ilustrações, pela editora La Gaya Ciencia, de Barcelona, em 1977-1978.

*Direção editorial*
Ivana Jinkings

*Edição e tradução*
Thaisa Burani

*Revisão da tradução*
Monica Stahel

*Coordenação de produção*
Livia Campos

*Revisão*
Isabella Marcatti

*Capa e páginas de guarda*
Mikel Casal e A. Hidalgo

*Diagramação e letramento*
Otávio Coelho

um selo da BOITEMPO
Jinkings Editores Associados Ltda.
Rua Pereira Leite, 373,
05442-000 São Paulo SP
Tel.: (11) 3875-7250 / 3875-7285
editor@boitempoeditorial.com.br
www.boitempoeditorial.com.br

1ª edição: novembro de 2015
1ª reimpressão: agosto de 2016
2ª reimpressão: maio de 2018
3ª reimpressão: junho de 2019
4ª reimpressão: setembro de 2020
5ª reimpressão: outubro de 2022
6ª reimpressão: maio de 2023

A Boitempo agradece imensamente ao ilustrador Mikel Casal pela inclusão das caricaturas de dois ditadores brasileiros, Médici e Geisel, feitas especialmente para esta edição.
Igualmente, somos gratos ao amigo e parceiro Ruy Braga, sociólogo e professor universitário, por ter escrito o texto que compõe a seção "Para saber mais". Agradecemos também a leitura e os comentários de Celina Diaféria, José Carlos Monteiro da Silva e Renata Dias Mundt.

Agradecimentos da Media Vaca: Arnal Ballester, Marta Bernabeu, Fernando Flores, Maria Ángeles Hervás, Marta Pérez, Julián, David e Santiago. E nosso muito obrigado a Rosa Regàs, amiga generosa, sem a qual não teria sido possível recuperar esses livrinhos que foram originalmente editados por ela na editora La Gaya Ciencia.

CIP-BRASIL. CATALOGAÇÃO NA PUBLICAÇÃO
SINDICATO NACIONAL DOS EDITORES DE LIVROS, RJ

D642

A ditadura é assim / Equipo Plantel ; ilustração Mikel Casal ; tradução Thaisa Burani. - 1. ed. - São Paulo : Boitatá, 2015.

52p. : il.          (Livros para o amanhã ; 2)

Tradução de: Así es la dictadura
ISBN 978-85-7559-466-7

1. Ditadura - História. 2. Ditadura - Política. I. Equipo Plantel. II. Casal, Mikel. III. Burani, Thaisa. IV. Série.

15-27958      CDD: 320.9
              CDU: 321.6

Charge de Laerte Coutinho

Publicado em 2015, ano em que se completaram três décadas da última eleição indireta no Brasil, um dos marcos do fim da ditadura militar imposta em 1964, este livro foi composto em Futura 14/20 e reimpresso em papel Offset 150 g/m², pela gráfica PifferPrint, para a Boitempo, em maio de 2023, com tiragem de 1.500 exemplares.

Josef Stalin

Benito Mussolini

Adolf Hitler

António de Oliveira Salazar

Rafael Leónidas Trujillo

Francisco Franco

Ernesto Geisel

Anastasio Somoza García

Fulgencio Batista

François Papa Doc Duvalier

Alfredo Stroessner

Augusto Pinochet